Requiem für einen Rhythmus

Gedichte

AF280692

Christian Alois Kolbenschlag

Requiem für einen Rhythmus

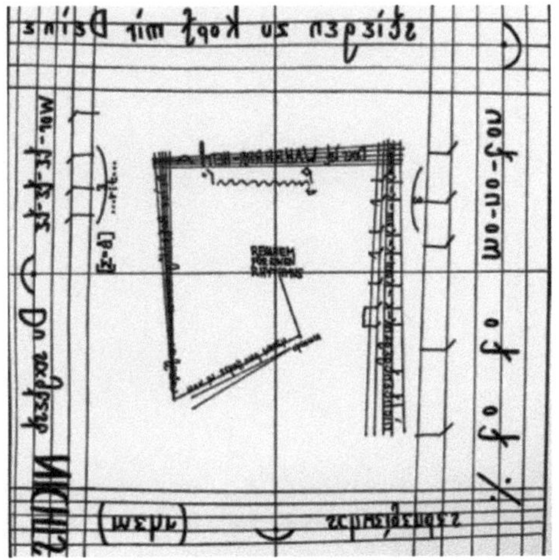

G.Dichte

Meiner Frau gewidmet...

Jenseits der Mitte nur schlägt das Herz...
Jenseits des Todes vollzieht sich das Leben. Streng ge-
taktet. Pausenlos, im Totengesang des immer Wieder-
kehrenden. Ein hoffnungsloser Lebensrhythmus in
Aphorismen.

Christian Alois Kolbenschlag, geb. 1969, Dr. med., Arzt,
Künstler, Gesellschaftskritiker und vor allem Mensch,
schreibt über die Tiefgründe und Abgründe des
Menschseins und den Sinn allen Seins an sich.

INHALTSVERZEICHNIS

Liebeskummer 09
Die Schwierigkeit des Augenblicks 10
Entsorgung 11
Sucht 12
Be.Deutungs.los 14
Mit Herzklopfen 15
Spiel 16
Seelentsorge 17
Apovisio 18
Verzweifelter Versuch einer
Liebeserklärung 19
Volkstrauertag 20
Verreckt 21
Entscheidung 22
Einsamkeit 23
Nicht Diesseits noch Jenseits 24
Pro.Mi.Nent 25
vierundzwanzigstunden 26
Wut im Bauch 27
Von einem, der nie NEIN sagen
konnte 28
Verständnis 29
Der Denker 30
Glaube & Hoffnung 31
Erkenntnis 32
Begabt 33
Innere Harmonie 34
Stärke 35
Realität 36
Das Schweigen 37

Schnee 38
Dazwischen 39
Small Talk 40
Vertrauen 41
Karriere 42
Pausenlos 43
Gedanken an Dich 44
Har.Le.Kin 45
Gedankenspiele 46
Trennung 47
Wellen 48
Vorbei 49
Sinnfragen 50
verrückt 51
Therapie 52
Man muss 54
Denken 55
Free Jazz 56
Requiem für einen Ton 58
Daseinskomplexe 59
Sinn des Lebens 60
Affektive Störung (F32PUNKT) 61
Erkenntnis des Lebens 62
Die Cola Dose 64
Alles falsch! 65
Das Leben 66
Ichselbst 67
Wahnsinn (Teil I) 68
Utopie 69
Requiem für einen Rhythmus 70

II

Liebeskummer

Die Seele leidet,
das Herz weint;
zusammen krampft sich der Magen.

Seltsam mutet es den Verstand an,
dass die Urkräfte
IHN besiegen.

Im Ernstfall ist
Das Schwert mächtiger als die Feder
und die Faust stärker als der Kopf.

1991

Die Schwierigkeit des Augenblicks

Ich möchte zuhören,
doch die Schallwellen erreichen mein
Ohr nicht.

Ich möchte verstehen,
doch man gibt mir nicht
zu verstehen.

Ein Bild wird erschaffen weit,
weit hinter meinen Augen;
doch es verschwimmt sogleich.

Der Moment ist vorüber

1988

Entsorgung

Herz ;
leere Hülle -
restlos ausgeschüttet;
verschüttet wie Blutvergießen!
Zurück
bleib(t), lebloser Stein.

19.10.1991

Sucht

Ich tue etwas.
Etwas, ich weiß selbst
nicht,
warum ich das tue.

Ich tue es,
weil es
mir Spaß macht!?

Ich tue es,
weil es,
↓, die meine Freunde sein könnten,
Spaß macht!?

Ich tue es,
weil es
mir hilft!?

Ich tue es,
weil es
mich abschalten lässt!?

Ich tue es,
weil es
mich besser fühlen lässt!?

Ich tue es,

weil ↓ ich ↓ ohne ↓

nicht mehr existieren kann.

27.03.1988

Be.Deutungs.Los

Desinteresse am Interesse.
Oder umgekehrt.

Nichts.
Nirgendwo.
Niemals.

Bedeutungslosigkeit ist bedeutungslos.

22.02.1989

Mit Herzklopfen

Ich wüßt` gerne,
was Du denkst,
wenn sich unsere Blicke
versehentlich treffen.

Ich wüßt` gerne,
was Du empfindest,
wenn wir *Etwas* vortäuschend
aneinander vorbeigehen.

Ich wüßt` gerne,
was Du fühlst,
wenn Du spürst,
dass ich Dich vorsätzlich beobachte.

Bitte
(in Gedanken)
erniedrige mich nicht!
Das habe ich nicht verdient.

31.12.1989

Spiel

Jedes Wort: zuviel
Jeder Gedanke: sinnlos
Jedes Gefühl: wertlos.

Doch verborgen bleibt: Nichts.

Leben: Spiel!

08.02.1989 / 2007

Seelentsorge

Scharfe
Rasiermesser
kratzen das Herzmark aus,
schaben die Zähne
über die Knochenhaut
schrill
wie die Gabel über den Topf,
läuft den Rücken eiskalt hinunter.
Einatmen,
tief, tiefer.
Es tut so weh.
Die Last,
das Leid der Welt
steht
auf dem Brustkorb.

Hilfe! Hilfe!
Ruft der Verstand:
Was ist der Mensch?

08.12.1996

Apovisio

Als ich
neulich
durch eine verlassene
Gasse zog, sah
ich unter einer
Straßenlaterne eine noch ungerauchte,
plattgetretene
Zigarette liegen.
Ein paar Meter
weiter,
auf der Mitte der Straße,
lag
eine zertretene,
leere
Zigarettenschachtel im Mondlicht.
In einer dunklen Ecke am Ende des
Weges lag ein
Mensch.

17.02.1991

Verzweifelter Versuch einer Liebeserklärung

Veni? Vidi? Vici?

Schon bevor
ich kam und sah
ich Dich verlor.

Die Unmöglichkeit
garantiert
die Möglichkeit
es Dir zu sagen.

24.10.1989

Volkstrauertag

Bitter
manifestiert sich die Traurigkeit
am frühesten Morgen
durch kalte Regentropfen,
die an mein Fenster prasseln.

Das weinende Herz.

Klar.

Wir haben sämtliche Köpfe begraben.

Was nützt es,
aufzustehen?
Was kommt
danach?

19.11.1991

Verreckt

Der Hund ist verreckt!
Weil er es nicht schaffte,
sich über Wasser zu halten.

Dort in der Eck!
Wo es weder nach rechts noch
nach links weitergeht,

liegt er im Dreck!
Aus dem er sich nicht
befreien konnte.

07.10.1988

Entscheidung

Auf
welche
Seite
sie auch
fallen
mag –
sie ist es in jedem Fall.

13.10.1988

Einsamkeit

Die Nacht ist
einsam.
Denn die Nächte werden
voneinander getrennt
durch den Tag.
-

Die Nacht ist einsam.
-

Auch ich bin einsam.
-

--

So sind wir schon zu zweit.

23.07.1988 / 2007

Nicht Diesseits noch Jenseits

Ausgesetzt in der Wildnis.
Alleine.
Richtungslos, orientierungslos.
Viele Wege, doch kein Ausweg.

Ohne Beine
kann man nicht
auf eigenen Füßen stehen.

ca. 1989

Pro.Mi.Nent

Auffallen
ist,
dass jeder weiß,
wer oder was
man sein will.

...

Und doch nicht auffallen
ist,
dass niemand weiß,
wer oder was
man wirklich ist.

Ca. 1990 / 2007

Vierundzwanzigstunden

` *Morgen* sagen
sich plagen
sich beklagen
aus dem Bett sich wagen
rein in den Wagen
sich beklagen
raus aus dem Wagen
nach der Uhr fragen
fressen, rein in den Magen
sich beklagen
Zeit totschlagen
jaoderneinodervielleichtdoch sagen
` *Tschüß* sagen
Gepäck oder Verantwortung tragen
sich wieder heim wagen
sich beklagen
` *Hallo* sagen
nach dem Sinn fragen
am Hungertuch nagen
sich beklagen
ins Bett sich wagen
` *Nacht* sagen
sich plagen
und ab in den Schlafwagen

09.05.1989 / 2007

Wut im Bauch

Im Glashaus sitzen.
Den Stein in der Hand
aus-
holdend und -

doch nicht werfen.

23.10.1991

Von einem, der nie NEIN sagen konnte

Niemals Richter, niemals Kläger,
nur Gejagter, niemals Jäger.
Immer auf der Flucht;
wie gehetztes Wild
verzweifelt Ruhe sucht.

So steht der Gelähmte auf einem Bein.

12.02.1991

Verständnis

Sich in die gleiche Lage
zu versetzen,
ist nicht verstehen.

Verstehen ist,
in der gleichen Lage zu sein.

07.12.1988

Der Denker

Er denkt.

Sekundenlang.
Minutenlang.
Vierundzwanzigstundenlang.
Seinganzeslebenlang.

Doch irgendwann
- Nun gebt gut acht -
hat er ausgedacht.

Asche zu Asche,
Müll zu Müll.

14.01.1990

Glaube & Hoffnung

Ich hoffte
zu glauben
und
hoffen zu können.

Obwohl ich
nicht mehr glaube
zu hoffen
noch
glauben zu können.

27.03.1989

Erkenntnis

Leben
Überleben
Verrücktwerden
Sterben

ist

alles nur

eine Frage der Zeit.

24.02.1989

Begabt

Selbst.
Der man sich selbst sieht.

Zu erkennen,

was man kann
und
dass man es kann
und
sich selbst auf die Schulter klopfen zu
können,
weil man es kann.

Nennt man begabt.

19.07.1988

Innere Harmonie

Auf dem Mittelstreifen
einer Straße zu fahren
ist gefährlich.

Man kann
von vorne
und hinten
erfasst werden.

30.09.1988

Stärke

Stärke ist,
wenn man den

mutmaßlich

Schwächeren
vor der Sonne
beschützt,
indem man ihn

absichtlich

in den eigenen
Schatten stellt.

04.04.1989

Realität

Realität
ist
ein Ziegelstein,
der einem auf den
Kopf
fällt.

Ein Stahlhelm schützt vor der Realität.

ca. 1990

Das Schweigen

Schweigen

ist
nicht
zu sagen,

was andere denken.

ca. 1991

Schnee

Zufällig
aus dem Fenster schauend
fordert
das Auffällige
meine Aufmerksamkeit.

Schön.

Sanft bedeckst Du eisige Wunden.
Überziehst den inneren Frost.

Obwohl ich Kälte nicht mag,
sind wir uns innerlich sehr nah.

08.01.1995

Dazwischen

Auf der Suche

nach der Kugel,
die trifft,
nach dem Messer,
das sticht,
nach dem Strick,
der fest genug ist, nicht zu reißen.

Auf der *Flucht*
vor der *Angst*
steht das *Leben*.

16.11.1988

Small talk

„Wie geht` s?"
- „Geht so!"
- „Dann ist` s ja gut."

(Nur nicht widersprechen)

28.09.1988

Vertrauen

Wenn Du sagst,
dass Du mich liebst
und es

wahrscheinlich

auch so meinst.

Wie Du es sagst.

Und selbst,
wenn es in meinen Ohren gut klingt –

Warum glaube ich Dir nicht?

18.10.1993

Karriere

Geboren↓↓↓
Geliebt↓↓↓
Gehasst↓↓↓
Gestorben↓↓↓.↓↓↓↓ (*...ritardando...*)

Vergessen

08.07.1988

Pausenlos

Gedanke↓↓↓(denk!denk!denk!denk!)
↓↓↓↓.↓↓↓↓
↓↓Gedanke↓ (denk! denk! denk!)
↓↓↓.↓↓↓.↓↓↓
↓↓↓Ged↓↓Bild↓↓ü↓↓.↓↓↓↓
ber↓↓le↓↓ge↓↓Gedan↓↓ke↓↓↓
Gedanke↓↓↓ (puls ! puls ! puls ! puls !)
↓↓↓↓.↓↓↓↓
60, 59, 58, (.), ↓↓↓↓ (tick ! tick ! tick !) ↓↓↓.↓↓
Gedanke↓ ↓ ↓ (denk! denk!)
↓↓.↓↓.↓↓ ver↓↓↓
fall↓↓↓e↓↓↓ne↓↓↓Wieder↓↓↓
kehr↓↓.↓↓nach↓↓.↓↓denk↓↓.↓↓↓
Gedanke↓↓↓ (puls ! puls ! puls !) ↓↓↓
(puls! puls! puls !) ↓↓↓
↓Bilde↓r↓r↓r↓r↓r↓↓↓↓
rriss↓↓.↓↓↓.↓↓↓Geda↓ (uff!) ↓↓↓↓
(Schnauff!, Schnauff!) ↓ ↓
(Schnauff!, Schnauff!) ↓↓Er↓ei↓.↓↓.↓↓
gnis↓↓.↓↓↓.↓↓↓ (leer) ↓↓Gedanke↓↓↓
kom↓↓bi↓↓nie↓↓re↓↓Gedanke↓↓↓
Gedanke↓↓↓ (tick! tick! tick! tick!) ↓↓↓↓.↓↓↓↓....
(...*morendo*...)....

28.10.1992 / 2007 – Meiner Frau gewidmet

Gedanken an Dich

Oft greifbar nah,
jedoch unantastbar.

Oft sichtbar,
jedoch nicht erkennbar.

Oft hörbar,
jedoch nicht wahrnehmbar.

Oft da
und doch meilenweit entfernt.

09.08.1989

Har.Le.Kin

Vom Ernst befreien
will
(tut?)
er mit

zerrrrrrrrrrrrrrrrrrrrrrrrrrrrrrrrrrrrrspiegeln.

Mit
zunehmender
Dunkelheit
verwischen Tränen
Konturen seiner bunten Oberfläche.

20.05.1992

Gedankenspiele

Wie ein Windrad
dreht es sich
in Deinem Kopf.

(- Ist es Kopf, nicht der Geist über Dir?)

Eines stößt das andere an.

Ist es die Windmühle der Gedanken,
die sich dreht,
so der Mühlstein,
der Dich zermalmt.

13.09.1993

Trennung

Beidseits der Mitte
schaukeln die Extreme
sich gegenseitig aus.

Beidseits der Mitte:
Ohren –
nehmen getrennt Richtungshören wahr.

Beidseits der Mitte:
Augen –
unterschiedliche Perspektiven.

Beidseits der Mitte:
(Seiltanz)
Abgrund.

Beidseits der Mitte
(Corpus callosum):
Großhirnhemisphären, sich negierend.

Jenseits der Mitte
nur
schlägt das Herz.

08.12.1996

Wellen

...Urplötzlich...

...entstehen...

...Erinnerungen...Gedanken...Träume...

...und kommen näher,
immer näher, bis sie greifbar
nah
sind.

Doch dann...

verebben sie,
verschwinden in Nichts.

14.08.1988 – P. Bauer gewidmet

Vorbei

Realität

rrrrrrrrrrrrrrrrückt in weite Ferne
und verblasst
zur Illusion.

War es
                    (eigentlich)
wirklich
wahr?

20.08.1988 / 2007 – P. Bauer gewidmet

Sinnfragen

Warum sollt` ich stehlen, nehmen,
was ich eh` nicht brauchen kann?

Warum sollt` ich schenken, geben,
was ich nicht vergeben kann?

Warum sollt` ich lernen, begreifen,
was ich nicht erlernen kann?

Warum sollt` ich entdecken, ergreifen,
was ich nicht erreichen kann?

Warum sollt` ich forschen, fragen,
wenn ich nichts erfragen kann?

Warum sollt` ich prügeln schlagen,
wenn ich mich nicht wehren kann?

Warum sollt` ich gern verlieren,
wenn ich nicht verlieren kann?

Warum sollt` ich existieren,
wenn ich nicht mehr leben kann?

27.03.1988

verrückt

verrückt
errücktv
rrücktve
rücktver
ücktverr
cktverrü
ktverrüc
tverrück
  verrückt   k
    tverrück tverrückck
  ktverrüc tverrüχκück
  cktverrü tverr⌉χκrück
  ücktverr tverρ⌉χκrrück
  rücktver tveρρ⌉χκerrück
  rrücktve tνερρ⌉χκverrück
  errücktv tϖερρ⌉χκverrückt
  verrückt τϖερρ⌉χκ
        ϖερρ⌉χκτ
        υϖερρ⌉χκ
        φυϖερρ⌉χ
        βφυϖερρ⌉
        ⌉βφυϖερρ
        σ⌉βφυϖερ
        σσ⌉βφυϖε
        δσσ⌉βφυϖ
        ωδσσ⌉βφυ

29.11.1993 / 2007

Therapie

Was manchmal hilft:
Jazz
Klassische Musik
Sex
Gutes Essen
Guter Wein
Sport
Urlaub
Schlafen
Lesen

Was manchmal auch nicht hilft:
Jazz
Klassische Musik
Sex
Gutes Essen
Guter Wein
Sport
Urlaub
Schlafen
Lesen

Was mit Sicherheit nie hilft:
Darüber nachdenken

Was mit Sicherheit genetisch determiniert ist:

Glück
Unglück
Freude
Trauer
Liebe
Hass

Was mit Sicherheit nicht genetisch
determniert ist:

Alles andere.
Oder nichts.

2006

Man muss

Man muss!
Nicht man soll nicht darf nicht kann nicht –
Nein
Man muss!
Man muss das leben, was von selbst aus
einem heraus
Will
Nur -
Es will nicht
Nicht es soll nicht kann nicht darf nicht
Nein es will nicht
Es ist
Es ist im inneren vergraben verschollen
verloren

Die frucht
Die frucht die vom baum fällt
Auf unfruchtbaren boden
Verfault

Der keim
Der keim im inneren des harten kerns
Tritt nie und nimmer
Ans tageslicht

18.01.2007

Denken

denken.
den↓↓ken! ↓↓
deng↓↓.↓↓↓ken? ↓↓.↓↓↓
den↓↓.↓↓↓gken? ↓↓.↓↓↓
de↓↓nken? ↓↓
den↓↓ken? ↓↓
denk↓↓ken! ↓↓
den(?)↓ken(!)↓
de↓e↓e↓e↓e↓e↓e↓e↓e↓e↓nken!

sinnlos
mit↓↓↓
ohne
Sinn

10.02.1989 / 2007

Free Jazz

Sag es!
Sag es doch einfach!
Sag es, wenn Du denkst, es sagen zu müssen,
Sag es, wenn Du fühlst, es sagen zu wollen.

Sag es nicht!
Sag es doch einfach nicht!
Sag es nicht,
wenn Du denkst, es nicht sagen zu müssen,
Sag es nicht,
wenn Du fühlst, es nicht sagen zu wollen.

Sag es!
Sag es doch einfach!
Sag es, wenn Du nicht denkst, es sagen zu
müssen,
Sag es, wenn Du nicht fühlst, es sagen zu
wollen.

Sag es nicht!
Sag es doch einfach nicht!
Sag es nicht,
wenn Du nicht denkst, es nicht sagen zu
müssen,

Sag es nicht,
wenn Du nicht fühlst, es nicht sagen zu
wollen.

Sag es!
Sag es doch einfach!
Sag es, wenn Du nicht denkst, es nicht sagen
zu müssen,
Sag es, wenn Du nicht fühlst, es nicht sagen
zu wollen.

Sag es nicht!
Sag es doch einfach nicht!
Sag es nicht, wenn Du denkst, es sagen zu
müssen,
Sag es nicht, wenn Du fühlst, es sagen zu
wollen.

ssssssssssssaaag

esssssssssss

01.03.2007 – Meiner Frau gewidmet

Requiem für einen Ton

Ich sage:

NICHT**SSSSSs**!!!

Damit Ihr
NICHTS!!!
hört.

(...oder hört Ihr nichts, weil ich nichts sage?)

Ich HAS-SE TER-RAS-SEN-DY-NA-MIK!!!

...nehmt Ihr mir übel,
dass ich **FORTE!** anschlage,
wenn *piano* gewünscht –
und ppp,

wenn **ffff** gefordert?

Mit
st**A**.cc**A**.t**O**!
befriedige ich Euer
*le-gaaaato*bedürfnis nicht!

29.11.1993

Daseinskomplexe

Gestern
Habe ich meinen Spiegel
mit meiner Faust zerschlagen,
weil ich den Typen darin
nicht ausstehen konnte.

Heute
ist mein Spiegel und
meine Faust kaputt.

Der Typ ist noch da.

15.01.1990

Sinn des Lebens

Nicht sein, was man ist.
Sein, was man nicht ist.
Obwohl man nicht sein will.

Leben heißt:
INSICHHINEINFRESSEN!

Nichtkotzen
Ist richtig leben.

ca. 1989

Affektive Störung (*F32PUNKT*)

Lebensfreude
ist
wie das Anhauchen einer Fensterscheibe:

Ein Hauch,
der
mit der Zeit verschwindet (*...morendo...*)

19.10.1988 / 2007

Erkenntnis des Lebens

Aug um Auge, Zahn um Zahn
...zu wissen, dass es keine Antworten gibt
...Hass, hässlich, hassen
...zu wissen, dass man nicht wohin gehört
...was soll das alles hier?
>Besser als alle, der Beste
>Ein Scheiß auf die Menschen

...zu wissen, dass es keine Menschen gibt,
die Dir
>zuhören, weil sie so viel wissen
>- Gleichgültigkeit
>Ich bin eine Knetfigur
>Vom Inneren nach außen über das
>tiefste Innere
>Versenkt mit Bleifüßen

... Hass, hässlich, hassen
...Frieden spielen, Arschloch sein
>Arschloch sein wollen...

Wichtig sein!

...jeder...
>Nur ich, nicht alle
>...wir sind die Wichtigen:
>*HAU AB, DU WICHSER!*
>(Wer denkt das nicht?)
>Kopf abwenden, Augen und Ohren zu,
>Mund auf volle Lautstärke:
>***Dadadidadadadida***

- Im Nebel ist alles
zu Ende, weil die
Traurigkeit ohne Sinn
Nicht mehr –

Song in a-Moll für Supermenschen
ewig lebe die Umwelt und die
Biomöhre
Augenblick für ewig, Zähne
ausschlagen

ca. 1995 / 2007

Die Cola-Dose

Voll,
ist sie wertvoll.

Wenn man sie entleert,
verliert sie ihren Wert.

Leer,
ist sie wertlos.

Dann
wirft man sie weg.

1988

Alles falsch

Im falschen Film gewesen
Die falsche Musik gehört
Die falsche Brille aufgesetzt
Den falschen Beruf gewählt,
die falsche Partei sowieso
Das falsche Waschmittel benutzt,
sowie das falsche Parfüm
Den falschen Sender eingestellt
Den falschen Knopf gedrückt
Die falsche Schule besucht
Das falsche Glas ausgetrunken
Das falsche Programm eingeschaltet
Die falsche Entscheidung getroffen
Die falsche Strophe gesungen
Die falschen Eltern gehabt
Den falschen Eingang genommen,
den falschen Ausgang auch.

Das falsche Leben gelebt.

14.04.2007

Das Leben

Das Leben ist ein
Glücksspielgerät.

Man wirft alle
Hoffnungen hinein.

Und erkennt
Zu spät,

dass dabei
nichts rauszuholen ist.

29.01.1989

Ichselbst

Ich selbst in mir selbst
Unbezeichnet mich nicht nennend
Komme aus mir heraus
Tue was ich will
Wie in mir so außerhalb mir
Gebe mir täglich
Und vergebe alle Chancen
Wie alle Chancen mir vergebens
Versuche immer wieder
Ohne zu lösen

Mein ist Armut. Schwäche. Schrecklichkeit.
Aufgelöst in Nichts.

Amen.

26.02.2007

Wahnsinn (Teil I)

Warten.
Auf ein Wunder. Warten!
Warten auf ein Wunder. Warten!
Warten.
Warten auf ein Wunder,
auf ein Wunder warten. Warten!
Warten. Wunder.
Auf ein Wunder warten.
Warten! Warten! Warten!
W↓

02.02.1989

Utopie

Nichts mehr denken.
Nichts mehr sehen.
Nichts mehr fühlen.
Nichts verstehen.

Nicht mehr leben wie bisher –

in der Zeit
der Hilflosigkeit.

17.11.1988

Requiem für einen Rhythmus

___3___
↓ ↓ ⌐ ⌐ ⌐
to to mo- no- ton

stiegen zu Kopf mir Deine

....*rit*....
__3__
↓ ⌐ ⌐ ⌐
Wor-te- te- te   [e = å]

DU sagtest NNN**NICHTS**SSS   (mehr)

schweigendes

          ⌐⌐ ↓   ⌐ ↓ ⌐ ↓
Nichtentgegenk--k-kom-k--kom-k-kommen

          tr..........................
          ↓   ⌐
Das ist **WAHRRRRRR-HEIT!**

Deine Ratschläge zuvor
verfliegen nun in
Schall und Rauch ....(...*morendo*...).......

11.11.1993 / 2007

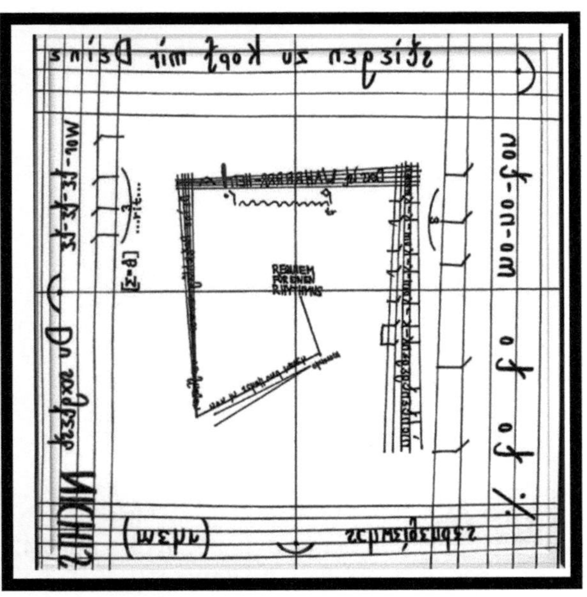
NICHTS
Du siehst DA
steigen zu Kopf mir Deine
st-st-st-st-wor...
[£-8]
...rit...
nu-f-on-om o f o f :/.
REQUIEM
FOR EINEN
RHYTHMUS
schweigende:s
(mehr)

© 2024 Christian Alois Kolbenschlag
Verlag: BoD · Books on Demand GmbH, In de Tarpen 42,
22848 Norderstedt, bod@bod.de
Druck: Libri Plureos GmbH, Friedensallee 273,
22763 Hamburg
ISBN: 978-3-7693-4970-2